ORIGINE

ET

INFLUENCE DES LÉGISTES

PAR

M. FERNAND VERDIER,
Avocat à la Cour d'appel de Nimes, ancien magistrat
Membre correspondant et lauréat de l'Académie de législation
de Toulouse, Membre correspondant de l'Académie
des Sciences, Arts et Belles-lettres de Dijon,
Membre et ancien Président de l'Académie de Nimes

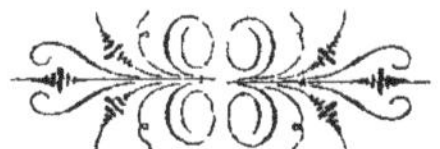

NIMES
IMPRIMERIE CLAVEL ET CHASTANIER
F. CHASTANIER, SUCCESSEUR
12 — rue Pradier — 12

1896

Extrait des *Mémoires de l'Académie de Nimes* de l'année 1895.

ORIGINE

ET

INFLUENCE DES LÉGISTES

par M. Fernand VERDIER.

A voir la place considérable que les légistes ont depuis si longtemps occupée et occupent encore aujourd'hui dans la société française, il n'est pas sans intérêt de rechercher quelle a été leur influence dans le passé, comment cette influence est née, et de quels éléments elle s'est formée. Les historiens ont essayé plus d'une fois de nous donner une peinture fidèle du rôle joué par cette classe de personnes, mais ils se sont principalement attachés à mettre en relief le côté politique de leur œuvre, sans insister au même degré sur tout ce qui se rapporte à leur origine et à leurs travaux juridiques. C'est surtout à l'examen de ce double point de vue que cette courte étude est consacrée.

On se ferait une fausse idée des choses, si l'on se représentait les légistes au moyen âge comme les successeurs, par suite d'une chaîne non interrompue, des grands jurisconsultes qui ont jeté un si vif éclat sur l'empire romain, et créé une jurisprudence qui a servi de base à la plupart des législations modernes. Le droit romain, qui devait plus tard se répandre en Europe et y devenir la source des meilleures dispositions légales, ne fut pas sans subir les vicissitudes qu'entraînaient après elles la décadence de l'empire et l'irruption des barbares. A la faveur du bouleversement qu'amena l'invasion et des ruines qu'elle amoncela, le droit romain s'éclipsa pour un temps dans l'occident, et l'œuvre des Papinien, des Gaïus, des Ulpien, des Paul eût été menacé d'un oubli peut-être éternel, s'il n'eût trouvé un refuge dans l'empire d'Orient, et si, recueilli par les soins d'un empereur aussi sage qu'éclairé, il n'eût été livré par lui à la publicité, et consacré comme le droit de l'empire. Mais, bien qu'appliqué et suivi en orient, il ne pénétra pas tout de suite en occident, et notamment en France. Pendant longtemps l'on y vécut sous l'empire des lois et des coutumes des barbares, et bien qu'une partie des Gaules eût été gouvernée soit par le code Théodosien, soit par le *Breviarium Alarici,* qui tous deux sont des émanations du droit romain, on peut dire qu'à l'origine de la monarchie française, la loi dominante fut celle importée de Germanie par les Francs. Au VIe siècle, précisément au moment où Justinien recueillait le droit romain, la société française n'existait pas. Le monde romain s'écroulait de partout, et la Gaule elle-même se soustrayait à sa domination. Clovis, vainqueur à la bataille de Vouillé, prenait possession du pays, et y implantait avec lui les mœurs et les coutumes de la Germanie. La loi Salique, les lois Ripuaires furent les premières lois écrites qui régirent les Francs. Mais ces lois, qui n'étaient que le reflet des mœurs du peuple qui les avait apportées, ne ressemblaient en rien à celles des Romains, que leur sagesse a toujours fait considérer comme une œuvre hors ligne, et digne de présider aux destinées des civilisations les plus avancées. Elles consacraient le règne de la force, de la violence, et, tout informes qu'elles étaient, elles ne pouvaient s'élever jusqu'à cette haute conception de l'idée morale qui a fait la grandeur et la vitalité du droit romain. Aussi plus d'études, plus de recherches ; plus de jurisconsultes chargés d'élucider et d'appliquer la loi. Tout est laissé à l'arbitraire, au hasard. Le règne du droit a disparu ; celui de la force commence.

Dans la loi nouvelle à laquelle la Gaule assujétie est obligée de se soumettre, la vie de l'homme n'est comptée pour rien. C'est, non par une expiation terrible qu'on la rachète, ou qu'on apprend à la respecter, mais par une simple somme d'argent. Le meurtre n'est pas puni ; il est tarifé. Tant pour le meurtre d'un Franc, tant pour un Romain, tant pour un esclave. Au milieu de leur rudesse originale, les lois Salique et Ripuaires ont cependant une simplicité admirable ; et tout en se conservant intactes au milieu des populations conquises, elles ne s'imposèrent pas forcément à elles. Ce fut un de leurs caractères, qu'elles ne furent point attachées à un certain territoire, mais qu'elles furent toutes personnelles. Le Franc était jugé par la loi des Francs ; le Romain par la loi romaine. Néanmoins, malgré cette tolérance apparente qui devait favoriser, ce semble, le maintien des anciennes coutumes, ces lois n'étaient point impartiales ; et par les faveurs qu'elles accordaient aux Francs, elles devaient nécessairement amener leur suprématie, et consommer l'absorption du vaincu. Elles établissaient entre les Romains et les Francs des distinctions affligeantes. Le meurtre d'un Franc était tarifé à une somme double de celle d'un Romain. Pour tous les autres actes de violence, il en était de même. La composition pécuniaire accordée était infime, quand il s'agissait d'un Romain. Toutes ces cruelles différences étaient accablantes pour les Romains. Un pareil état de choses devait inévitablement amener leur annihilation complète. Ce fut la perte du droit romain. A cause des grands avantages qu'il y eut à être Franc, barbare, ou homme vivant sous la loi Salique, tout le monde fut porté à quitter le droit romain pour vivre sous la loi Salique. Il fut seulement retenu par les ecclésiastiques, car ils n'eurent aucun intérêt à changer. Des lois particulières leur assurèrent des compositions égales à celles des Francs. Ils gardèrent donc le droit romain. N'en recevant aucun préjudice, il leur convenait d'ailleurs parce qu'il était l'ouvrage des empereurs chrétiens.

Un phénomène absolument contraire se passe dans le patrimoine des Visigoths et des Bourguignons. Leurs lois ne donnant aucun avantage civil à ces derniers, les Romains n'eurent aucune raison de cesser de vivre sous leur loi pour vivre sous une autre. Ils conservèrent donc leurs lois. C'est ainsi que le droit romain se maintint dans tous les pays qui ne tombaient pas sous la domination franque. Le peuple s'y obstina, parce qu'il y attacha l'idée de sa liberté.

Ainsi, pendant le règne des rois de la 1re et de la 2e race, les lois Salique et Ripuaires, complétées par les édits et les capitulaires, notamment ceux de Charlemagne, de Louis le Débonnaire, l'édit de Pistes rendu par Charles le Chauve en 864, gouvernèrent le pays plus spécialement soumis à la domination franque. Quelques institutions utiles telles que celle des *Missi Dominici* contribuèrent à améliorer cette organisation. Tous les ans nos rois députaient dans les provinces des commissaires chargés de leurs instructions, qui devaient veiller aux revenus du fisc et du domaine, expédier les affaires, entendre les plaintes des juges et des peuples, s'informer exactement des vices du gouvernement et des moyens de le réformer, et en présenter un compte fidèle.

De ces diverses législations, et notamment de l'édit de Pistes, il résulte clairement qu'il y avait des pays où l'on jugeait selon la loi romaine, et qu'il y en avait où l'on jugeait sous la loi franque ; que les pays régis par la loi romaine étaient précisément ceux où on l'a suivie pendant si longtemps, et que la distinction établie plus tard en France entre les pays coutumiers et les pays de droit écrit existait déjà à cette époque.

Mais les fortes institutions de Charlemagne ne tardèrent pas à disparaître avec ses faibles successeurs, et, à la faveur des désordres qu'amena la division de l'empire et la faiblesse des gouvernements, un nouvel ordre de choses se fonda ; un nouvel élément vint modifier la constitution de la société française. Les seigneurs tendirent tous à se rendre indépendants de la royauté, et à former chacun dans leur seigneurie un empire absolu, réglé par les lois qui émanaient de leur volonté seule. Dès lors, les lois Salique, Ripuaires, Bourguignone et Visigothe ne tardèrent pas à tomber en désuétude. Les fiefs devinrent héréditaires ; les arrière-fiefs s'étendirent à l'infini. De nouveaux usages s'introduisirent à la suite. La plupart des affaires se réglaient par des amendes. La France divisée en une foule de petites seigneuries, il était impossible qu'elle fût régie par une seule loi. Il n'était plus d'usage d'envoyer des officiers extraordinaires afin de maintenir l'unité de la loi. Il n'y eut donc plus de loi commune, chaque seigneurie eut la sienne.

Aussi, dès la fin de la 2e race, les lois Salique, Ripuaires, Bourguignone et Visigothe, déjà fort négligées, disparurent complètement avec la 3e race. Depuis l'érection des grands fiefs, les rois n'ayant plus, comme nous l'avons dit, des envoyés pour faire observer les lois émanées d'eux, les capitulaires eux-mêmes disparurent à la suite des malheurs qui frappèrent les successeurs de Charlemagne ; les invasions des Normands, les querelles intestines replongèrent les conquérants des Gaules dans les ténèbres dont ils étaient sortis, et l'usage de l'écriture se perdit.

Dès cette époque, la loi écrite est remplacée par la coutume ; la justice royale par la justice seigneuriale. Chaque seigneurie a sa coutume ; chacune d'elles a sa justice, celle du seigneur. Le régime de la féodalité est fondé. Ce qui caractérise avant tout la justice féodale, c'est le jugement par les pairs ; quelle que soit la condition sociale du justiciable, c'est par un jury d'égaux qu'il est jugé. Toutes les classes étaient traitées avec une égalité parfaite sous le rapport de la justice ; les hommes de chaque classe se jugeaient entr'eux. Ce jugement par les pairs fut la règle universelle. On n'est pas peu surpris, au premier abord, de trouver, dans des temps aussi éloignés et presque barbares, une institution assez semblable à celle de notre jury moderne. Non pas que l'on puisse assimiler d'une manière absolue le jugement par les pairs de la féodalité avec l'institution du jury. Il existe des différences qui devaient naître des temps, des lieux, des habitudes et des mœurs de chaque époque. Mais il n'en est pas moins intéressant de retrouver dans cette société primitive une institution analogue à celle que nous regardons comme l'une des conquêtes les plus précieuses, et l'un des fondements de la société moderne.

La justice n'est point comme aujourd'hui une institution publique ; elle est inhérente à la puissance seigneuriale. Tout possesseur d'une terre a la juridiction sur tous ceux qui habitent et cultivent le sol. Punir les crimes et vider les procès est l'un des droits et des devoirs du seigneur, le plus impérieux et le plus élevé. Le roi lui-même n'était qu'un seigneur, et quand il exerçait la justice, il l'exerçait comme seigneur et non comme roi. Outre la dignité royale, il avait des duchés, des comtés, des baronnies, des châteaux, des villes, des villages. C'étaient là autant de degrés de la hiérarchie, au sommet de laquelle il se trouvait placé. A chaque degré correspondait un droit de justice particulière. Comme châtelain, il jugeait ses paysans et ses bourgeois ; comme baron, ses gentilshommes ; comme comte ou duc, ses barons ; et quand un feudataire des plus élevés de France était en cause, il jugeait à titre de roi, c'est-à-dire comme seigneur suzerain des ducs et des comtes, mais il ne jugeait pas seul ; il fallait qu'il fût assisté des pairs de l'accusé, quelle que fût sa condition sociale. Le jugement par les pairs s'imposait à lui comme à tous les seigneurs.

Cette forme de juridiction n'était pas seulement obligatoire pour les nobles, mais elle était aussi de droit pour les non-nobles. Le *Parloir aux bourgeois* n'était autre que la justice du Prévôt de Paris, assisté de jurés pris dans cette classe de personnes. Ailleurs, le prévôt royal jugeait avec la même assistance. Les villageois avaient aussi leurs cours de village. Le bailli, ou le prévôt, ou autres officiers du roi, ne jugeaient qu'en assises, assistés de jurés. C'étaient des présidents de jurys et les exécuteurs des arrêts. Mais les jugeurs n'étaient pas encore des légistes de profession. C'étaient des gentilshommes s'il s'agissait de juger un gentilhomme, des bourgeois s'il s'agissait de juger des bourgeois.

Ainsi, la cour du roi, les cours de baronnie, les cours de bourgeoisie étaient toutes un tribunal que le roi ou son représentant présidait entouré de jurés, choisis parmi les égaux de l'accusé. Telle est la procédure suivie au XIe siècle en France, et qui nous a été révélée par les *Assises de Jérusalem,* recueil de lois et coutumes que le roi Saint Louis fit rédiger en Palestine pour les Croisés.

Le même fait se produit en Angleterre. Les Normands y ont importé le jugement par jury. Mais là cette institution se maintient, tandis qu'elle disparut en France. A partir du XIVe siècle, le jugement par jury n'est plus connu. Les vieux principes du moyen âge s'effacent ; et l'institution tombe dans un oubli complet.

A côté du jugement par jury, se trouvait une autre coutume, qui servira de fondement, en se transformant peu à peu, à un droit non moins élevé, le droit d'appel. Quand celui qui perdait sa cause n'était pas satisfait du jugement, il protestait en appelant devant une autre juridiction, pour l'avoir « faussement jugé », non pas sa partie adverse, ni le président du jury, mais les juges mêmes qui avaient prononcé la sentence. Le juge appelé devait se battre en personne, l'épée au poing et en champ clos, contre celui qu'il avait condamné. Ces usages barbares s'adoucirent vers la fin du XIIIe siècle. Le combat fut remplacé par un nouveau procès. Mais les juges continuèrent à être appelés et mis en cause personnellement, comme responsables de leurs jugements.

L'importance des fonctions de jurés était donc grande, et leur responsabilité bien grave. Nos jurés d'aujourd'hui ont une tâche bien plus facile. Etrangers à la procédure qui précéde le jugement, ils se bornent à émettre leur opinion sur un simple fait. Tandis que les anciens jurés statuaient à la fois sur le fait, sur la loi, et sur la peine. Et, avant d'arriver au plaid, ils avaient dû se livrer à des recherches, des enquêtes, souvent bien difficiles et toujours pénibles. La charge était si lourde, qu'on ne tarda pas à considérer le service trop dur, la responsabilité trop écrasante, et qu'au lieu de regarder cette obligation comme un droit, et un devoir auquel il n'était pas permis de manquer, on fit tous les efforts possibles pour y échapper. Les nobles eomme les bourgeois , les paysans , préférèrent leurs plaisirs , leurs affaires, leurs travaux, et finirent par demander comme une grâce d'en être exemptés. Tout était alors matière à procès. Il existait une foule de difficultés sur des points qui nous sont complètements inconnus. Aussi, l'esprit de chicane et processif aidant, la charge de juger fut si lourde, qu'il devint presque impossible aux populations de s'en acquitter, sans négliger leurs propres affaires, et sans abandonner à elles-mêmes l'agriculture et l'industrie. Devant cette résistance naissante, on commença à réduire le nombre des plaids à trois par an, et celui des jurés à quatre seulement. Dans quelques pays, les fonctions de jurés furent réservées aux échevins, et la foule des bourgeois en fut débarrassée. Le même fait se reproduit dans toutes les classes. Les nobles eux-mêmes, quoique jaloux de leurs prérogatives, désertèrent les plaids, et la cour du roi en fut réduite à se compléter avec des officiers royaux. Il en fut ainsi également pour toutes les assises tenues par les baillis royaux. On eut beau condamner à une amende les vassaux nobles qui ne se rendaient pas, on ne réussit pas à les ramener. On préféra payer l'amende ; et peu à peu le service du plaid fut converti en une amende. Si bien que le *plaid,* comme le *héritan,* l'*ost,* ou *chevauchée* pour le service de la guerre, dont on s'exonéra également en payant une amende, ne furent plus que des noms d'impôts. Dès le XIVe siècle, cette révolution est accomplie. On ne retrouve plus dans les chartes ces mots qu'avec cette dernière signification.

C'est à ce moment qu'apparaissent les légistes. Au milieu de l'indifférence générale, qui avait fini par transformer le service de justice en une amende et en un impôt, quelques hommes, soit par goût, soit par intérêt, s'offrirent à juger les procès. Ils étudièrent les lois et les coutumes, et gravèrent dans leur mémoire les usages des pays et les arrêts des cours. Ils furent, dès lors, acceptés, et leur office commença. Ce n'étaient point des fonctionnaires, ni des magistrats, comme nous l'entendons aujourd'hui. C'étaient des hommes ayant une aptitude et une capacité reconnues de tous. Ils se firent remarquer par leur assiduité aux plaids, par la connaissance qu'ils avaient des lois et des coutumes, et par la conscience qu'ils apportaient à remplir leur devoir de justice.

Aucune condition n'était nécessaire pour être légiste. Qu'on fut laïque ou ecclésiastique, bourgeois ou gentilhomme, peu importait. On pouvait être légiste et homme d'épée tout à la fois. Le sire de Joinville, Philippe de Beaumanoir, Pierre de Fontaines étaient des légistes. Cependant les premiers légistes se trouvèrent parmi les prêtres. Jamais le clergé n'avait complètement perdu de vue le droit romain. Il n'avait jamais cessé de l'étudier, de rédiger ses propres lois, d'observer même les lois féodales. C'est dans son sein que s'étaient réfugiées les dernières notions de la science du droit. Aussi, se trouva-t-il prêt à recueillir les fonctions que l'impuissance générale menaçait de laisser dans l'oubli. Il s'en acquitta d'autant mieux, qu'il s'était habitué à appliquer ces lois dans ses cours de chrétienté, ou ses cours séculières.

Parmi les plus célèbres et les plus anciens que l'histoire nous révèle, nous citerons Hincmar, archevêque de Reims, né en 806 et mort en 882. Il appartenait à l'une des familles les plus considérables des Gaules. Elevé au monastère de Saint-Denis, il fut nommé archevêque de Reims en 845. Il fut le confident et le conseiller de Louis le Débonnaire et de Charles le Chauve. Il se distingua par sa science du droit, et par sa fermeté à soutenir les libertés de l'Eglise gallicane contre le pape Adrien II. Il a publié un petit traité intitulé : *De Ordine Palatii,* où il rend compte avec détail des assemblées convoquées par Charlemagne, de leur composition et de leurs travaux. Après lui, et parmi les plus fameux, apparaît Ives, évêque de Chartres, sacré en 1091 et mort en 1115. Il fonda l'abbaye de Saint-Quentin, et y enseigna les sciences. Il nous a laissé plusieurs écrits précieux pour l'histoire du temps et le droit canonique. Lanfrane, qui devint abbé du Bec, en Normandie, né en 1005 à Paris. Après avoir enseigné le droit à Bologne, à Pavie, puis à Avranches, il entra en 1042 à l'abbaye du Bec, où il fonda une école bientôt célèbre pour les lettres et les études théologiques. Devenu conseiller intime de Guillaume le Bâtard, duc de Normandie, il en obtint l'abbaye de Saint-Etienne de Caen, et fut promu à l'archevêché de Cantorbéry, quand ce prince eut fait la conquête de l'Angleterre. Il continua puissamment à répandre le goût des lettres dans ce pays encore barbare, et à y introduire les premiers éléments d'une civilisation plus éclairée (mort en 1089). Abbon, abbé de Fleury, *Abbo Floriacensis*, né à Orléans, mort en 1004, qui joua un rôle sous le roi Robert et fut envoyé en ambassade auprès du Pape. Nous avons de lui un abrégé de la vie de 91 papes (imprimé à Mayence en 1602, in-4°) et une lettre sur les *Cycles Dionisiaques* publiée par Varin à Paris en 1849.

Jean de Salisbury, moine anglais du XIIe siècle, né à

*

Salisbury (Wiltshire) vers 1110, vint de bonne heure en France, étudia sous Abélard, à Paris, et visita l'Italie, où il se lia avec le pape Adrien IV. De retour dans sa patrie, il s'attacha à Thomas Becket, archevêque de Cantorbéry, dont il devint le secrétaire. Il accompagna ce prélat dans son exil, et chercha un asile en France. Après la fin tragique de Thomas Becket, il fut nommé évêque de Chartres par Louis le Jeune, en 1176. Il mourut dans son diocèse en 1180. Il passait pour être l'homme le plus savant de son temps. On a de lui plusieurs ouvrages : *Policraticus* (Leyde 1629, traduit par Mezeray 1640), sorte de mélanges où il traite de politique, de morale, de philosophie ; *Metalogicus* (Paris 1610), où il prouve l'utilité des lettres et des arts ; des vies de saint Anselme, de Thomas Becket et des lettres fort curieuses. Ses œuvres complètes ont été publiées par Giles en 5 volumes in-8°, Oxford, 1847-1848. Parmi les légistes, on compte aussi un cardinal, Mathieu d'Angers, qui avait professé un cours de droit. Et, enfin, le fameux pape Innocent III qui, avant d'être souverain-pontife, s'était fait une réputation comme jurisconsulte (1198-1216). Après lui, un second pape, Guy de Foulques, connu sous le nom de Clément IV, né en 1200 à Saint-Gilles, mort en 1268. Après avoir été militaire, il devint un jurisconsulte distingué, et fut nommé secrétaire de saint Louis. Après la mort de sa femme, il embrassa la carrière ecclésiastique, devint évêque du Puy, archevêque de Narbonne, cardinal-évêque de Sabine et légat en Angleterre. Il fut, enfin, nommé pape en 1265. Il joua un rôle politique, se rallia au parti des Guelfes dont il fut le chef en Italie, et soutint Charles d'Anjou contre Mainfroi et Conradin. C'est sous son règne que fut consentie, avec saint Louis, la pragmatique sanction qui mit fin aux différends entre Rome et la France.

On le voit, l'étude des lois était très répandue dans le clergé. Cette passion devint même si générale, que l'autorité ecclesiastique crut devoir prendre des mesures pour arrêter cet élan. Les conciles de Reims et de Tours (1163) défendirent aux clercs l'étude du droit, et excommunièrent les moines qui s'échappaient de leur monastère pour se livrer à cette étude. Cependant la prohibition ne fut pas absolue. Avec la permission de leur évêque, les clercs purent devenir avocats et procureurs. Aussi, l'ardeur de leur zèle ne se ralentit pas. L'étude du droit ne fit que progresser. Bientôt le clergé créa des écoles. Parmi elles, l'une des plus célèbres fut celle d'Orléans, dont plusieurs de ses maîtres devinrent des évêques. Pendant longtemps, la qualité de légiste fut une grande recommandation et un moyen sûr d'avancer pour le clergé. D'abord, attaché exclusivement aux tribunaux ecclésiastiques, il ne tarda pas à remplir les tribunaux royaux. Le parlement de saint Louis était en majorité composé de clercs (Rég. des Olim).

La noblesse, dont le premier devoir était de rendre la justice, ne tarda pas à suivre cet élan. Parmi ses membres, un grand nombre partagèrent leur temps entre l'étude des lois et la pratique des armes, parce qu'ils comprirent, tant par devoir que par intérêt, que la connaissance des lois et des coutumes leur était devenue indispensable. Plus tard, quand la noblesse tombera en décadence, elle abandonnera complètement cette étude, et se fera même une gloire de son ignorance. Mais au moyen âge, il en est différemment, et les chroniques de l'époque nous parlent souvent des hommes nobles qui sont savants en droit, chevaliers et docteurs ès lois. Nous avons déjà cité Philippe de Beaumanoir et Pierre de Fontaines, dont nous aurons à nous occuper un peu plus loin d'une manière toute spéciale ; le sire de Joinville, qui se sont tous trois illustrés par les ouvrages qu'ils nous ont laissés. C'étaient des gentilshommes, et Pierre de Fontaines nous apprend même qu'il écrit pour un gentilhomme qui veut que son fils « s'étudie ès-lois et coutumes, si que, quand il héritera, il sache faire droit à ses sujets et retenir sa terre, et ses amis conseiller. » Avant eux, nous trouvons au XIe siècle un fils du comte d'Evreux qui écrivit un livre de droit canonique. De même que plus tard, au XIVe siècle, nous rencontrons un Talleyrand-Périgord qui acquit une certaine célébrité par ses études sur la jurisprudence.

La bourgeoisie, qui préférait s'adonner à l'industrie et au commerce et se dévouer à ses affaires privées, déserta de plus en plus les plaids, et finit par les abandonner tout à fait. Dès lors, dans son sein, un grand nombre de personnes se mirent à étudier les lois et les coutumes, et, se trouvant ainsi plus préparés à rendre la justice et à conseiller les plaideurs, finirent par remplacer partout les jurés et à remplir les tribunaux. Elles fournirent une classe à part qui, par sa science, son assiduité, sut conquérir hautement l'estime publique. On regarda bientôt les légistes comme des égaux de la noblesse, et il fut admis que cette profession emportait avec elle le droit de noblesse. On ne les appela plus que *maîtres* ou *chevaliers ès-lois*. On leur témoignait un très grand respect, et la pratique des lois fut en aussi grand honneur que celle des armes. Investis de la confiance générale, les légistes remplirent bientôt tous les tribunaux ecclésistiques, féodaux, royaux, et remplacèrent partout les jurés. La justice ne put qu'y gagner, car, à la place des ignorants qui la rendaient auparavant, on eut des gens instruits, consciencieux, et très aptes à accomplir le mandat que l'assentiment de tous leur avait confié. Les jurys des paysans disparurent les premiers, puis vinrent les jurys bourgeois. La noblesse résista plus longtemps, mais elle finit par être emportée par le mouvement. Les légistes de profession seuls composèrent désormais les assises des seigneurs. La cour du roi elle-même n'eut plus que des légistes tantôt à poste fixe, tantôt renouvelés pour chaque session ou pour chaque année.

Cette révolution si importante était accomplie et la chose passée peu à peu en pratique, lorsque au XVe siècle les ordonnances prescrivirent formellement de former les assises avec des officiers praticiens. Il faut croire cependant qu'elle se produisit à l'état latent, pour ainsi dire, et d'une manière insensible et graduelle, car les contemporains, écrivains, chroniqueurs, n'y font aucune allusion, et si ce n'étaient les vieilles chartes et les arrêts des cours, on ne trouverait aucun document, ni aucune trace d'une réforme si considérable.

Les légistes ne tardèrent pas à comprendre toute leur importance ; et fiers du rôle qu'ils jouaient déjà, ils aspirèrent bientôt à reprendre, dans la société, la place si élevée qu'ils occupaient dans la vieille civilisation romaine. Ils se firent les champions de la royauté, et battirent en brèche avec elle l'Eglise et le baronnage. Identifiant leur cause avec celle du roi, et combattant l'indépendance féodale et l'autorité papale, c'est-à-dire, l'unité ecclésiastique, pour y substituer l'autorité royale et l'unité laïque, ils travaillèrent non seulement pour la royauté, mais encore pour leur propre grandeur. Il n'entre pas dans notre programme d'écrire l'histoire de cette lutte si longue et si ardente. Il nous suffira de dire que, malgré les efforts de l'Eglise, les jurisconsultes ne cessèrent de croître en puissance et en considération. Désormais, ce seront des légistes, et des légistes seuls, qui rempliront le rôle de juges, sous la présidence du bailli ou représentant du seigneur. Ils dirigeaient la procédure, et rédigeaient les arrêts prononcés par le bailli. Leur influence grandit sans cesse et, grâce à eux, l'habitude du duel judiciaire, et la guerre privée, disparurent, et les appels pour *défaute de droit* devinrent de plus en plus rares. Ils ne s'introduisirent pas seulement dans les cours de justice des barons, mais encore, et à plus forte raison, auprès du roi et de sa cour féodale, car ils y rencontrèrent plus que partout ailleurs, un zèle éclairé pour la justice, et le besoin réfléchi de recourir aux lumières d'hommes spéciaux. Les grandes assises ou cour du roi se confondirent désormais avec la cour des Pairs. Les Pairs de France, quand par hasard ils prenaient leur siège, finirent par siéger, non plus seulement avec les grands officiers de la couronne, mais avec les légistes clercs ou laïques, qui firent désormais le fond de la cour suprême. Un nom nouveau désigna cette institution nouvelle : le nom de *Parlement*, qui, jusqu'alors, s'était appliqué vaguement à toute espèce de conférence et d'assemblée politique. La cour suprême du roi devint le Parlement par excellence.

Le plus ancien recueil des enquêtes et arrêts du Parlement, connu sous le nom des *Olim*, a été rédigé par Me Jean de Montluc, conseiller en la cour du roi Louis IX.

Sous l'influence des légistes, plusieurs coutumes barbares, telles que le combat judiciaire et la guerre privée, d'abord vivement attaquées par la création de la *quarantaine le Roi* ou l'*assurement*, finirent, après une lutte assez longue, par disparaître. En 1257, saint Louis défend la guerre privée sur ses terres et sur le domaine des seigneurs d'Eglise ; il ne se sent pas encore assez fort pour imposer son ordonnance aux seigneurs laïques. Néanmoins, elle ne tardera pas à porter tous ses fruits. Beaumanoir proclame comme une règle que, lors même que la famille lésée poursuit la guerre privée, la justice doit poursuivre de son côté la punition du méfait qui y a donné lieu. Le principe de la vindicte publique est posé ; il se dégagera plus tard d'une façon plus nette et plus vivace.

En 1260, il interdit, dans le domaine royal, les batailles par devant justice et les remplace par la preuve par témoins. La révolution s'accomplit. Au lieu de la brutale et simple manière avec laquelle se poursuivait la procédure par le combat judiciaire, de nouvelles formes complexes et difficiles s'établissent : discussion des témoignages à charge et à décharge, plaidoyers, débats, dépositions écrites. Les barons, habitués à livrer au hasard du duel la décision de tout procès, s'égarèrent dans le dédale de la jurisprudence romaine, où les légistes les poussaient constamment, et ne comprenant rien à une procédure absolument inintelligible pour eux, fatigués et ennuyés des fonctions qu'ils se sentaient incapables de remplir, finirent par abandonner les plaids et cédèrent la place aux gens de loi, qui n'avaient été d'abord que leurs modestes assesseurs.

L'usage de fausser jugement, c'est-à-dire, d'accuser les juges de fausseté et de déloyauté, et de les défier au combat, disparut également. La même ordonnance prohiba cette étrange forme d'appel, et voulut que, lorsque le condamné « fausserait jugement, » la cause fût appelée devant la cour du roi, qui jugerait en dernier ressort. Cette ordonnance, d'abord appliquée seulement dans le domaine royal, s'introduisit bientôt dans les cours baronnales, grâce au dévouement et à l'énergie des légistes. Les appels devant la cour du roi devinrent de plus en plus fréquents, et finirent par devenir la règle générale à laquelle se conformèrent tous les plaideurs, et qui fut plus tard solennellement consacrée par les *Etablissements* (1). Désormais les légistes ne

(1) *De saint Louis*, premier recueil de lois rédigé depuis les capi-

cachent plus leur doctrine; ils invoquent les principes contenus au Digeste, proclament l'axiome *que nul ne peut être juge dans sa propre cause*, et concentrent ainsi entre les mains du roi tous les pouvoirs politiques et judiciaires. Les appels devant la cour du roi et les cas royaux auront raison de la féodalité.

Le régime féodal, sapé chaque jour par les efforts des légistes, finit, en effet, bientôt par s'ébranler, et ne tarda pas à disparaître. Ce fut la royauté qui en recueillit le bénéfice. S'il y eut encore de grands vassaux en France, il n'y eut plus de princes souverains. L'abaissement des plus puissants barons fut complet, et le pouvoir royal domina, non seulement sur les terres du domaine royal, mais sur toute l'étendue du territoire possédé par la noblesse, sur tous les domaines des vassaux grands ou petits de la couronne.

L'œuvre de réformation poursuivie par saint Louis fut donc des plus importantes. Il ne fallait rien moins que son amour de la justice, sa piété et sa fermeté pour l'accomplir. On aime à voir le saint roi entouré de ses conseillers, de ses légistes, Pierre de Fontaines, Geoffroy de Villette, le Sire de Nesle, le Comte de Soissons, le Sire de Joinville, Philippe de Beaumanoir, Thomas d'Aquin, Robert de Sorbonne, tous seigneurs et gens d'église, juristes, érudits, théologiens, aussi éclairés et aussi fermes que leur roi, non seulement élaborer ces réformes, mais encore rendre lui-même la justice avec la plus grande impartialité et le zèle le plus soutenu. Tous les historiens nous ont fait le tableau de saint Louis jugeant sous un chêne à Vincennes. Il n'y a rien là d'exagéré. La cour du roi était toujours prête à juger les appels qui lui étaient déférés, et c'était en plein air, bien souvent pendant la belle saison, qu'elle s'assemblait. Sa sollicitude s'étendait sur tous, avec une égale bonté, et les grands n'étaient pas à l'abri des sévérités de sa justice, qu'il distribuait à tous avec une égale impartia-

tulaires des rois de la seconde race. — Ce recueil de lois, divisé en deux livres, a été rédigé probablement peu de temps après la mort de saint Louis.

lité. La chronique rapporte que le sieur Enguerrand de Couci, ayant fait pendre sans forme de procès trois jeunes écoliers flamands qui s'étaient égarés sur ses terres pour tirer des lapins, refusa de comparaître devant la cour du roi pour y répondre de son crime. Mais, malgré l'appui des barons, il fut obligé de céder devant la volonté du roi. Il comparut devant la cour, et fut condamné à 10.000 livres parisis d'amende, à demeurer trois ans à la défense de la Terre-Sainte, et à faire inhumer honorablement les victimes avec des fondations pieuses pour le repos de leurs âmes. Il fut enfin privé de la haute justice, du droit de garenne, occasion de son crime. Certes, le crime méritait la mort, mais devant le péril de voir s'aliéner le baronnage entier, le roi lui en fit remise. C'était déjà beaucoup, pour l'époque, d'avoir poursuivi une condamnation relativement sévère, malgré l'opposition de la noblesse, si fière jusque là de ses privilèges.

Les juridictions ecclésiastiques furent aussi un obstacle que le saint roi fut obligé de vaincre pour continuer son œuvre. Ces privilèges, qui avaient pu avoir leur utilité aux époques de la barbarie, lorsque le pouvoir civil n'avait encore aucun sentiment de sa mission, n'étaient en somme le plus souvent qu'une occasion de scandales plus ou moins odieux. Les membres du clergé, certains de trouver une protection absolue dans les tribunaux d'église, leurs seuls juges, commettaient impunément toutes sortes de délits et de crimes. Le bon roi s'indignait, mais n'osait pas attenter lui-même à ces immunités. Il s'adressa au pape Alexandre IV, qui, frappé des abus énormes qui lui étaient signalés, déclara que les juges royaux n'encourraient plus l'excommunication en arrêtant les prêtres en flagrant délit de crimes capitaux, pourvu qu'ils les tinssent à la disposition des tribunaux ecclésiastiques. Le Pape permit ensuite à ces juges de connaître des crimes commis par les ecclésiastiques mariés, et priva du bénéfice de clergie les clercs qui exerçaient des professions industrielles. Ces concessions n'avaient pas une grande importance, mais les légistes s'en emparèrent, et tous leurs efforts tendirent à les consolider et à les étendre.

L'irritation était grande dans la société laïque contre la licence et le despotisme des clercs. L'abus intolérable qu'ils faisaient de l'excommunication souleva une réaction générale parmi les laïques, et une désobéissance universelle aux sentences de l'Eglise. Il faut voir, dans la chronique du Sire de Joinville, l'exposé des plaintes (1263) du clergé à cet égard, et la ferme réponse qu'y fit le roi. Cette réponse contenait en principe « l'appel comme d'abus » avec lequel les parlements ont renversé l'infaillibilité papale et constitué le gallicanisme. Elle préparait la pragmatique sanction, œuvre de résistance et de réformation dont les jurisconsultes se servirent comme d'un puissant levier pour affranchir notre nationalité et la société laïque.

Le principe de la laïcité, comme on le voit, n'est point une idée récente, une pure conception de l'état démocratique. A toutes les époques de notre histoire, à travers les siècles, la royauté en a poursuivi le triomphe, et c'est un roi, le saint roi Louis IX, qui, l'un des premiers, s'y est obstiné avec le plus de fermeté. La société moderne, héritière de tous ces efforts, ne pouvait que fortifier et développer un principe aussi juste, aussi salutaire.

Sous la même inspiration, le saint roi promulgue une ordonnance pour la réforme des monnaies, non sans avoir consulté trois bourgeois de Paris, trois de Provins, deux d'Orléans. C'est la première apparition du Tiers-Etat.

Il donne son approbation aux *établissements et statuts des métiers de Paris,* recueillis et rédigés par Etienne Boileau, prévôt des marchands. Ce précieux recueil fut la législation écrite de l'industrie, et resta le code des corporations, dont le génie a dominé jusqu'à la Révolution Française, et qui n'a succombé, depuis cette époque, que devant le système de la libre concurrence.

La même influence des légistes se fait sentir dans tous les actes et la conduite politique de Louis IX. On la retrouve même dans les dernières recommandations faites par le saint roi à son fils Philippe, après le malheureux début de la Croisade, alors qu'il était sur son lit de mort, au milieu des ruines de Carthage. Il l'adjure, sous l'inspiration de ses fidèles conseillers, de maintenir ses sujets en paix et droiture, et de respecter leurs franchises et libertés, afin de pouvoir compter sur leur dévouement dans la lutte qu'il soutient contre la féodalité et la puissance des barons.

Ce fut à la même époque, c'est-à-dire, au XIIIe siècle, que, par suite d'une réaction tentée par les légistes contre les principes du droit féodal et la coutume de l'*ensaisinement* par le seigneur, soit en matière de vente, soit par hérédité, prit naissance la maxime : *le mort saisit le vif,* qui sera plus tard adoptée, et deviendra la base de l'ordre successoral dans le droit moderne. Cette maxime féconde et tutélaire ne triompha cependant qu'après de longs efforts. Les légistes n'obtinrent d'abord que l'abandon du droit de *relief,* droit fiscal que percevaient les seigneurs pour la mise en possession des héritiers. Longtemps encore il sera nécessaire de recourir au seigneur pour recevoir l'investiture. Mais la réaction continue, et au commencement du XVIe siècle le principe ne connaît plus d'obstacle et se trouve définitivement consacré.

Telle fut l'œuvre entreprise par saint Louis, sous l'influence et la direction des légistes qui l'entouraient. Aussi le rôle de ces légistes, de ces chevaliers ès-lois, comme on les appelait, grandira sans cesse. et à travers quelques vicissitudes suscitées par les barons, leur œuvre s'accomplira. La féodalité disparaîtra, la royauté sera toute-puissante et s'affranchira de la tutelle trop pesante de l'Eglise. Voilà quelle sera l'intervention des hommes de loi dans le conseil des rois. Mais là ne se borne pas leur action. La politique seule ne les absorbe pas. Parmi ceux qui entouraient Louis IX, s'en trouvaient deux dont l'œuvre fut plus judiciaire que politique, et qui nous ont laissé des traces de leurs travaux et de leurs études. Il n'est pas sans intérêt de jeter un coup d'œil rapide sur l'influence que ces travaux ont pu avoir sur les mœurs et les habitudes judiciaires. C'était l'époque où le droit romain reprenait son antique vigueur, après avoir été pendant un long temps enseveli dans l'oubli. L'enthousiasme s'était réveillé sur ce glorieux monument de la sagesse du grand peuple qui avait subjugué l'Europe, autant par ses armes que par sa civilisation avancée et sa jurisprudence. Partout on ne cherchait qu'à faire revivre, à suivre, et à appliquer le droit romain. Certes, ce mouvement était heureux, car du milieu du chaos où s'était agitée la société française pendant les derniers siècles qui venaient de s'écouler, il ne pouvait sortir encore rien de comparable et d'aussi civilisateur que les principes juridiques des premiers conquérants de la Gaule. Cependant la nouvelle voie législative où entrait la France avait un péril dans cet enthousiasme même trop exclusif, trop absolu. Il fallait assurément cultiver le droit romain, y chercher des lumières et un modèle, puisqu'il était, de toutes les législations humaines, la plus rapprochée du droit naturel. Mais c'était un tort assurément de se borner à le reproduire par une imitation servile. A côté du droit romain s'étaient peu à peu révélées des coutumes, des usages, remontant par leur origine plus ou moins loin, mais se rattachant toujours, par un lien étroit, à la naissance et à la constitution de la nouvelle société sortie du choc et du rapprochement des peuples divers qui en formaient l'essence. C'était là le droit bourgeois et roturier, le droit coutumier, comme on l'a appelé plus tard, le droit naturel, que bien des esprits, et notamment le parlement dans la première phase de son histoire, songèrent à étendre et à développer, tout en travaillant à restreindre le droit féodal. Cette double tendance se retrouve en particulier dans les œuvres de deux jurisconsultes qui ont illustré le règne de saint Louis, Pierre de Fontaines et Philippe de Beaumanoir.

Pierre de Fontaines était seigneur de Fontaine-Utertre, près de St-Quentin. Bailli de Vermandois en 1253, membre du Parlement, il fut chargé par saint Louis de réunir et de mettre en écrit les coutumes de France et de Vermandois pour l'éducation de son fils Philippe. Il voulut, dès lors, dans son admiration pour le droit romain, entreprendre une chose impossible : non seulement concilier le droit romain avec le droit coutumier, mais encore les confondre ensemble, en ramenant le premier au second, c'est-à-dire, en absorbant le droit coutumier dans le droit romain. Il devait y échouer. Trop d'éléments anciens et nouveaux dans le droit coutumier se refusaient à cette absorption. Aussi, le livre qu'il nous a laissé, sous le titre de *Conseil de Pierre de Fontaines,* tout en étant un monument précieux attestant la science de son auteur, son amour de la jurisprudence, démontre cependant qu'il ne se rendit pas un compte suffisant des tendances de son époque , des besoins de la société au milieu de laquelle il vivait, et des éléments qui fermentaient en elle pour l'avenir.

Beaumanoir eut une intuition plus juste du présent et de l'avenir. En dehors du droit romain et du droit canonique, il aperçut un droit coutumier qu'il chercha à recueillir et à fixer. Pour point de départ, il commente la coutume de Clermont, en Beauvoisis sa patrie, et, s'inspirant indirectement du droit romain et du droit canonique, il établit les variétés et la concordance des coutumes locales, « le droit commun à tous ès-coutumes de France ». C'est qu'il a su discerner, par dessus les codes civils et religieux des deux Romes, ce que cette double législation contient de justice et de vérité, c'est-à-dire, de droit naturel,

Sans résumer sa pensée avec une rigueur systématique, on voit que pour lui le but est le droit naturel, l'équité, comme règle des relations civiles. Mais il se rattache au droit impérial romain, en admettant comme moyen, une autorité centrale dominant tout, et appliquant partout la règle du droit commun. Il proclame l'absolutisme royal, en attribuant au roi le plein pouvoir législatif sans l'intervention de ses sujets, en émettant cette maxime : « Si veut le roi, si veut la loi. » Il sent néanmoins ce qu'il y a de téméraire dans cette maxime et cherche à l'atténuer dans la pratique. Il distingue entre le temps de paix et le temps de guerre, et n'admet le despotisme royal, en dehors des us et coutumes, que pour le cas de guerre. Il réserve aussi le cas où le roi, selon ses expressions, « ferait établissement contre Dieu et les bonnes mœurs ». Ses sujets ne seraient pas tenus d'obéir.

C'est Beaumanoir qui, le premier, proclame en France la souveraineté de la juridiction royale et lui donne une forme dogmatique, « toute laie (laique) juridiction du royaume est tenue du roi en fief et en arrière-fief ». Il renverse toute la tradition féodale au profit commun de la couronne et du peuple, en établissant l'intervention du roi entre les seigneurs et leurs vassaux et sujets, nobles ou non nobles, en toute matière où ceux-ci peuvent avoir des plaintes à formuler, et en déclarant qu'il n'est pas de seigneur, quelque grand qu'il soit, qui ne soit soumis à la juridiction du roi.

Il n'est pas moins hostile aux libertés communales qu'à l'indépendance féodale. Il pousse les seigneurs à user des dernières rigueurs pour empêcher qu'il ne se forme de nouvelles communes sans assentiment du roi. Néanmoins, tout en condamnant les communes comme corps politiques, il est favorable à la bourgeoisie et à la roture en général comme classe, et les reconnaît aptes à acquérir des fiefs. Il se montre également favorable à l'affranchissement des serfs, et tend à les faire entrer dans le droit, dans la coutume. « Selon le droit actuel, dit-il, chacun est Franc. » Le légiste nous indique ensuite l'origine de la franchise, de la condition libre. « Gentillesse (noblesse), dit-il, est rapportée de part les pères et non de part les mères ; mais autrement est de la franchise des hommes *de poëste ;* car ce qu'ils ont de franchise vient de part la mère, et quiconque naît de mère franche, il est franc. »

Il ajoute : « Voir est qu'au commencement tous furent francs, et d'une même franchise, » « comme selon le droit de nature, chacun doit être Franc. »

Le droit naturel auquel aspire Beaumanoir est cependant mêlé dans ses écrits à bien des contradictions. A beaucoup d'égards il représente la cause de la justice et de la civilisation, mais il réagit souvent sans assez distinguer entre le bien et le mal, contre tout ce que le moyen âge a produit d'éclatant et d'original. Le droit du plus fort a encore pour lui une grande valeur, et la brutalité antique reparaît chez lui au moment le plus inattendu. Il le montre assez quand il condamne l'égalité domestique, dont il est l'ennemi aussi bien que des libertés politiques, lui qui cependant est ami de la liberté civile. Il place la femme dans un état d'infériorité considérable et donne au mari le droit de correction absolu. « En plusieurs cas peuvent les hommes, dit-il, être » excusés des griefs qu'ils font à leurs femmes, ni ne s'en » doit la justice entremettre, car il *loist* bien (il est bien » permis) à l'homme battre sa femme, sans mort et sans

» mehaing (sans blessure), quand elle fait mal, si comme » quand elle est en voie de faire folie de son corps, ou » quand elle dément son mari, ou maudit, ou quand elle » ne veut obéir à ses raisonnables commandements. » Il lui reconnaît cependant le droit au douaire.

Le droit féodal n'admettait pas que le seigneur ni son bailli pussent juger par eux-mêmes et sans l'assistance de jurés. Les juristes, repoussant la justice par les pairs, établissent non seulement qu'ils peuvent juger, mais juger seuls. Beaumanoir n'est pas moins ardent à proclamer cette maxime.

Ainsi, c'est en toute conscience, et avec des sentiments sincères du bien public, que Beaumanoir, profitant de la négligence des hommes libres ou nobles à user de leurs droits, et à remplir leurs devoirs, ainsi que du désordre social qui régnait alors, nous pousse en plein dans l'absolutisme. On le reconnaît assez au noble tableau qu'il trace des devoirs de ces magistrats auxquels il attribue un pouvoir si exorbitant, et aussi à ses efforts contre l'esprit de fraude et de chicane qui s'introduit dans la jurisprudence nouvelle.

Ennemi du régime féodal, il combat aussi les abus et les empiètements du clergé. Mais il le fait encore avec une certaine timidité. Car, lorsqu'il énumère les affaires qui appartiennent, suivant lui, à la compétence des cours d'église, il en reconnaît onze sortes : accusation de foi (d'hérésie), mariages ; dons et aumônes aux églises, biens d'églises ; procès des Croisés ; procès des veuves ; testaments ; garde des lieux saints ; bâtardise, sorcellerie, dîmes. Parmi ces affaires, on ne trouve pas, sans un certain étonnement, les mariages, les testaments, la légitimité, la possession d'état, toutes affaires ne regardant que la justice civile ordinaire. Ainsi, les légistes les plus hardis n'osaient pas aller jusqu'à refuser à l'Eglise la connaissance de ces sortes d'affaires.

En ce qui concerne la sorcellerie, qui exerça un si grand empire au moyen âge, Beaumanoir se montre assez éclairé. S'il ne nie pas que l'ennemi (le Diable) puisse quelquefois se mêler des choses humaines quand Dieu le permet, il nie du moins la vertu des paroles magiques, des herbes.

Ainsi, l'œuvre de Beaumanoir fut des plus importantes et doit prendre une grande place dans l'histoire. Elle servit de fondement à une vaste transformation sociale. Son livre, qui en contient le développement, sert de point de départ à l'extension considérable que prit l'étude du droit depuis le XIIIe siècle jusqu'à la Renaissance, jusqu'à Cujas et Dumoulin. A ses contemporains, ainsi que le dit notre grand historien, il donne la théorie sur laquelle s'appuie la révolution monarchico-judiciaire ; pour l'avenir, il fonde cette école juridique qu'on pourra nommer nationale par rapport à l'école purement romaine et classique. En lui s'est concentré et peut être jugé équitablement l'esprit des légistes du moyen âge, avec tout ce qu'il eut pour notre pays d'excellent et de funeste.

Nîmes. — Typ. F. Chastanier, 12, Rue Pradier.

ŒUVRES DE L'AUTEUR

1° **Transcription hypothécaire**, 2 vol. in-8°.

2° **De la subrogation de l'acquéreur à l'hypothèque légale de la femme.**

3° **Etude sur les gains de survie entre époux.** Mémoire couronné par l'Académie de législation de Toulouse. (Médaille d'or).

4° **Etude sur le franc-alleu en Languedoc.**

5° **Communauté entre époux, rente viagère, reversibilité, étude de jurisprudence.**

6° **Du privilège du propriétaire en matière de faillite.**

7° **Des effets de la transcription de la revente relativement aux ayant-cause du vendeur originaire, et des moyens d'améliorer la tenue des registres hypothécaires au point de vue de la publicité.**

www.ingramcontent.com/pod-product-compliance
Ingram Content Group UK Ltd.
Pitfield, Milton Keynes, MK11 3LW, UK
UKHW022149260726
13993UKWH00005B/2246